今井 亮

狭すぎキッチンでもサクサク作れる
超高速レシピ

CONTENTS

はじめまして 今井亮です ………… 2
この本の使い方 ………………… 7
こんな人のためのレシピです …… 8
この本のレシピに必要な道具
　大は小を兼ねる！ ………… 10

缶詰・レトルト食材
　鬼速レシピに欠かせない！ …… 12
調味料を使いこなす
　絶対、失敗しない！ ………… 13
割高でも小分け食品
　ムダがないから結局お得 …… 14

PART 1　やっぱりおかず

キャベツのカレーツナマヨ焼き ‥ 16
鯖の麻婆豆腐 ………………… 18
鶏トマポン温玉のせ …………… 19
焼き鳥と野菜のアヒージョ風 …… 20
バジルチキンもやし …………… 21
トマトカニ玉 …………………… 22
スパイシー肉豆腐 ……………… 24
豚肉とキャベツのソース炒め …… 25

ピリ辛豚じゃが ………………… 26
肉巻きはんぺん ………………… 27
山盛りキャベツハンバーグ …… 28
じゃがいもしゃきしゃき炒め …… 30
納豆とザーサイの卵炒め ……… 31

PART 2　ひと皿でちゃんとご飯

混ぜオムライス ………………… 34
ゆで鶏のねぎだくご飯 ………… 36
鶏キムチスープご飯 …………… 37
バジルチキンのトマト丼 ……… 38
鯖のねこまんま ………………… 40

鯖の冷や汁 ……………………… 41
親子丼 …………………………… 42
焼き鳥アボカド丼 ……………… 43
ねぎま丼 ………………………… 44
とうもろこしの混ぜご飯 ……… 45

豚のしょうが焼き丼 …………… 46	もずく雑炊 ………………… 57
鯖缶カレー ………………… 48	海苔のリゾット …………… 58
焼き肉そぼろ丼 …………… 49	照り焼きチキン丼 ………… 59
カレーチーズドリア ……… 50	豆乳トマトリゾット ……… 60
ソース焼き飯 ……………… 51	きのこ風味リゾット ……… 61
ちくわの蒲焼丼 …………… 52	
ピリ辛はんぺんご飯 ……… 53	
納豆チャーハン …………… 54	
ポリポリ納豆ご飯 ………… 55	
アボカド豆腐丼 …………… 56	

PART 3 スピード勝負の麺類

ベーコンとしめじのミルクみそパスタ
……………………………… 64
ブロッコリーのパスタ ………… 66
煮込みナポリタン ……………… 67
明太キムチパスタ ……………… 68
秋刀魚の蒲焼パスタ …………… 69
釜玉パスタ ……………………… 70
もずくオクラの梅パスタ ……… 71
山盛り大葉の納豆パスタ ……… 72
担々もやしそば ………………… 73
エスニック焼きそば …………… 74
カレーうどん …………………… 76
たっぷり肉うどん ……………… 77
汁なし担々うどん ……………… 78
納豆ジャージャーうどん ……… 79

PART 4 あとひと皿サラダ

- サラダチキンと水菜のサラダ……82
- キャベツとカニカマのサラダ……84
- ちくわのツナ缶サラダ…………85
- ごまからしコールスロー………86
- キャベツのピリ辛昆布…………87
- ザーサイ温玉オクラ豆腐………88
- カプレーゼ風冷奴………………90
- サラダチキンと叩ききゅうりの ごま和え…………………91
- ハムとヒラヒラきゅうり………92
- 納豆サラダ………………93
- トマトのハニーマリネ…………94
- じゃがいものわさびマヨ………95
- 油揚げのカリカリじゃこ………96

PART 5 つまみ的な

- アボきゅうキムチ………………98
- ポテサラとゆで卵のグラタン…100
- ちくわとトマトのチーズ焼き…101
- そぼろ冷奴………………102
- お揚げさんピザ…………………104
- もや明太ナムル…………………106
- ブロッコリーのチーポン和え…107
- じゃがいものカリカリ…………108
- 玉ねぎのしょうがステーキ……109
- なめたけニラ玉…………………110
- 松茸スクランブルエッグ………111
- にんにくもやし…………………112

PART 6 パンでごちそう

- サラダチキンのバインミー……114
- 鯖缶サンド………………116
- てりたまサンド…………………117
- からあげのレタスチーズサンド…118

激安スイーツ

アフォガート ····················· **120**
りんごのシナモントースト ······ **122**
フルーツパンプディング ········ **124**

COLUMN

1. ご飯、パンは冷凍 ············· **32**
2. 肉も野菜も冷凍 ··············· **62**
3. 野菜のしたごしらえ ·········· **80**
4. 「神の手」キッチンバサミ ·· **125**

この本の使い方

- この本のレシピは1人分です。
- IHコンロをお使いの場合は、IH用の調理器具を使い、火力はレシピ通りで作ってください。
- 基本的な野菜のしたごしらえはレシピから省いています。詳しくは80ページをご覧ください。
- 電子レンジ調理の場合、この本では600wを目安にしています。
- トースター調理の場合、この本では1000wを目安にしています。
- 麺類をゆでる際の水の分量は材料に加えていません。

[パスタレシピのパスタ]

この本では「マ・マー」スパゲティのやや細め1.4mm/ゆで時間5分のものを使用し、レシピを作っています。パスタが太くなるとゆで時間が長くなります。また、煮込みパスタレシピでは調理に使う水の量が変わりますので、注意してください。

大は小を兼ねる！

この本のレシピに必要な道具

ひとり暮らしの小さなキッチンでは省スペースが鉄則

フライパン（26cm・深型）

フライパンと鍋と２つ買おうとしているあなた。それだけでスペースをなかなかとりますよ。おすすめは少し深めのフライパンを鍋兼用に。深さがあることで、炒め物ならず、煮込みもできるのです。さらに縁が高くなることで、食材が飛び出ず、料理もしやすい。サイズは26cm。扱いやすく、小さいものより火の通りも早く、超高速調理が可能になる。

耐熱ボウル（26cm・耐熱）

ボウルの使い方といえば、食材を洗う、和える、混ぜるだが、耐熱ボウルにすることで、調理もできる。うどんや各種の煮込みも耐熱ボウルに入れ、調味料を混ぜてチンすれば、あっという間に料理ができる。大きめならば加熱時間を短縮できるので、ぜひ26cmを。

ひとり暮らしを始めるには引っ越しですでにお金もない上に、買いそろえなければいけないものも多数。なので、まずは買うべき、買って損はない、最低限のキッチン道具をご紹介。いきなりあれもこれも買ってしまうとお金もかかるし、狭小キッチンには置けない。自炊に慣れてきたら、少しずつ買い足すという方法をとろう。

ザル（25cm・取っ手付き）

麺類には欠かせないのがザル。耐熱ボウルにすっぽり入る21〜25cmなら、耐熱ボウルと重ねて収納できる。取っ手はマスト。ゆでたパスタをあげるときに右手にフライパン、左手にザルを持てるので、小スペースでも調理がサクサク進む。

包丁（ステンレス・三徳）

包丁の悩みは値段。100円ショップでも買えるが、包丁はおすすめできない。3000〜4000円のステンレスの三徳包丁が一番使いやすく、切れ味もよく、コスパにも優れているだろう。結局、スッと切れるほうがストレスなく料理できて、仕事のスピードも上がるのだ。

＊三徳包丁…肉、魚、野菜を扱える包丁

まな板（プラスチック・1cm厚）

キッチンのサイズによってまな板選びが変わるといってもいい。コンロとシンクの間にまな板を置くスペースがなければ、思い切って大きなまな板をおすすめする。そしてシンクに渡して使うほうが実は便利なのだ。その場合は厚さ1cm以上のしっかりしたものを選ぶとよい。

缶詰・レトルト食材

鬼速レシピに欠かせない！

調達は100円ショップで

缶詰・レトルトは「もう、調理されている！」ひとり暮らしご飯の超大物助っ人。
もちろんそのまま食べてもいいのだが、それでは芸がない。
できれば一手間で10倍美味しく食べたい、ついでにボリュームもアップさせたいと
欲深いことを願うのが人の常。また缶詰は可能な限り100円ショップで調達したい
アイテム。ストックするなら缶詰だ。

とりそぼろ缶（バジル）

「タイカレー」などの個性派が人気のいなばの缶詰。「アジアン好き」「辛いもの好き」なら、これは使える本格派アイテム。

鯖缶（水煮・みそ）

缶詰の定番、缶詰の王様。魚を買ってきて調理するのはハードルが高いが、これなら缶を開けるだけ。ストックするべき缶詰No1。

ミートソース

「ゆでたパスタにかけるだけ」でもスゴいが、もっとスゴい使い方もある。ミートソーススパゲッティに飽きたら、ほかの料理に使ってみよう。

海苔の佃煮

「ご飯にのせるだけ」で美味しいのが、こちらの海苔の佃煮。でもほんとうにそれだけでいいのか？ 他にも使い道があるんじゃないか……、あるんですよ！

調味料を使いこなす

絶対、失敗しない！

ほとんど魔法の液体

鰹節と昆布でだしをとって、しょうゆ、みりん、酒……。
そりゃあ美味しいですよ。おふくろの味ですよ。
でもね、ひとり暮らしご飯には敷居が高いというか、できません……。
でも、「なんでもかんでも塩こしょうには、もう飽きた」と叫びたくなる時、ありますよね。
そんな時にはこちらの調味料達。使ってみたら感動。

すき焼きのたれ

すき焼きで食べるのが一番いいのでしょうが、財政的に厳しいという方は、「味つけ」に使うといいだろう。煮物、炒め物など、かなり使えます。

焼き肉のたれ

数ある焼き肉のたれの中でも、マジで「黄金の味」でした。万能調味料の王者といってもいいくらい、使えます。

お吸い物の素（松茸風味）

お吸い物としていただくより、調味料として使ったほうが10倍おすすめ。雑炊、リゾット、パスタ……夢は広がる。

ザーサイ

ザーサイを漬物と思っている人がほとんどですが（実際漬物だが）、味付けザーサイはもはや調味料。しかも、このなんともいえない食感。炒め物に加えるだけで味が本格中華に。

割高でも小分け食品

ムダがないから結局お得

食べ切ることが節約につながる

安上がり自炊は100円ショップ、ワゴンセールでの食材調達で安心してはいけない。意外と高くつくのが廃棄食品で、地球にも優しくない。ひとり暮らしなら、少しくらい割高でも小分けされたものを買って、食べ切るほうが結局はお得なのだ。料理に少しずつ慣れてきたら、野菜を丸ごと買って、自分でカット野菜を作って冷凍する手も（P62）。

千切りキャベツ

カット野菜はすぐに使えるのが最大の魅力。「野菜を洗って切るのが面倒～」で、ラーメンだけで済ませるより、どんどんカット野菜を使って野菜不足を補ってほしい。

冷凍野菜

冷蔵庫にゆとりがあるなら、常備したいのが冷凍野菜。使う分だけ袋から出し、凍ったまま調理できるので超☆便利。また、生鮮食品の価格変動に左右されにくいため、安定価格で買える。

豆腐

豆腐は2個パックのものもある。ひとり暮らしには使いやすいサイズ。

小分け野菜

キャベツや大根はつい1玉、1本で買いたくなるが、使い切るのは至難の業。割高でも ½ か ¼ サイズを迷わず買おう。

PART 1
やっぱりおかず

おかずはがっつり食べたい。
とはいってもヘルシー感もほしい。
あとはご飯さえあれば完璧。

トーストするだけ

キャベツの カレーツナマヨ焼き

カレー粉を足すだけで、普通すぎるレシピが一気にグレードアップ。

お助け食材

ツナ缶

材料

キャベツ … 1/4個

A | ツナ缶 … 1缶
　| マヨネーズ … 大さじ2
　| カレー粉 … 小さじ1/2

混ぜる　A

トースターで5分

くし形　グラタン皿　キャベツ

マヨラーはマヨネーズをさらにひとしぼり

チンするだけ

鯖の麻婆豆腐

全部100円ショップで調達すべし。
全混ぜしてチンするだけ。

お助け食材：鯖缶

材料

- 鯖缶(水煮) … 1缶
- 豆腐 … ½丁
- 麻婆豆腐の素 … 1袋

鯖缶(水煮) ほぐす
麻婆豆腐の素
2cm角 豆腐
耐熱ボウル 混ぜる
ラップして…
レンジ(600w)で4分

ポン酢のさっぱり鶏肉に
温泉卵をのせるだけで、
幸せ感アップ！

炒めるだけ

鶏トマポン温玉のせ

お助け食材

温泉卵

材料

鶏もも肉 … 1枚
トマト … ½個
ポン酢 … 大さじ3
ごま油 … 小さじ1
温泉卵 … 1個

> 味付けいらず!
> 缶詰の汁でご飯3杯はいける。

炒めるだけ

焼き鳥と野菜のアヒージョ風

お助け食材
焼き鳥缶

材料

焼き鳥缶(塩味) … 1缶　　にんにく … 2片
マッシュルーム … 3個　　オリーブ油 … 大さじ4
ブロッコリー … ½株

チンするだけ

バジルチキンもやし

そぼろ缶(100円)、もやし(28円)でドン！
混ぜ混ぜして食べてください。

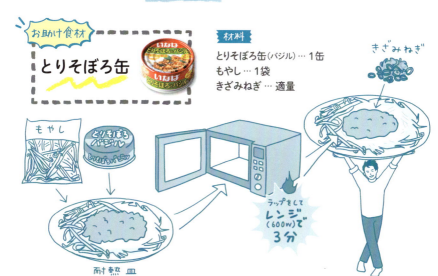

お助け食材

とりそぼろ缶

材料

とりそぼろ缶（バジル）… 1缶
もやし … 1袋
きざみねぎ … 適量

ラップをしてレンジ(600w)で3分

耐熱皿

きざみねぎ

炒めるだけ トマトカニ玉

炒め時間は20秒以内、それがとろっとろ半熟の決め手!

お助け食材
カニカマ

材料
- 卵 … 2個
- トマト … ½個
- カニカマ … 4本
- 長ねぎ … ¼本
- サラダ油 … 大さじ1
- 塩こしょう … 少々

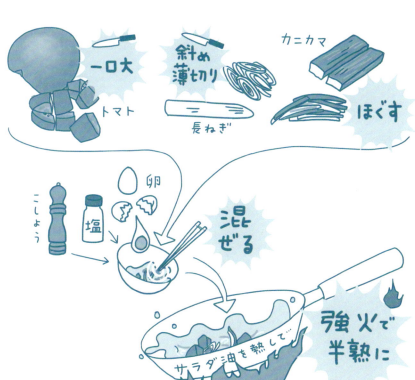

- トマト：一口大
- 長ねぎ：斜め薄切り
- カニカマ：ほぐす
- こしょう・塩・卵を混ぜる
- サラダ油を熱して…強火で半熟に

安定価格食材も
**すき焼きのたれで、
ごちそう級に。**

スパイシー肉豆腐

材料

豆腐 … ½丁
豚こま肉 … 100g
長ねぎ … ½本

A｜焼き肉のたれ … 大さじ4
　｜水 … 50cc

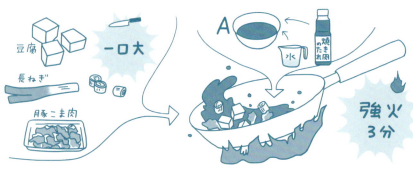

> ソースをやや焦がすことで、縁日の香りを自宅で再現。五感に訴えるレシピ。

炒めるだけ

豚肉とキャベツのソース炒め

お助け食材
豚こま肉

材料

キャベツ … 1/6個
豚こま肉 … 100g
ウスターソース … 大さじ3
ごま油 … 小さじ2

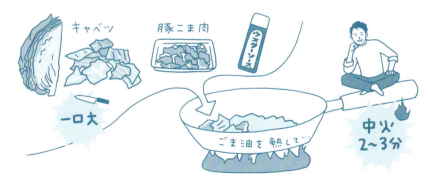

煮るだけ

ラー油で
スパイシー&コクをさらにプラス！

ピリ辛豚じゃが

お助け食材　**ラー油**

材料

じゃがいも … 2個
豚バラ … 100g
玉ねぎ … ¼個
すき焼きのたれ … 50cc
水 … 150cc
ラー油 … 好きなだけ

肉巻きはんぺん

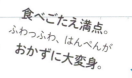

食べごたえ満点。
ふわっふわ、はんぺんが
おかずに大変身。

材料

はんぺん … 1枚
豚バラ … 3枚
スライスチーズ … 2枚

A ケチャップ … 大さじ1
　めんつゆ(3倍濃縮) … 大さじ1
　水 … 大さじ2

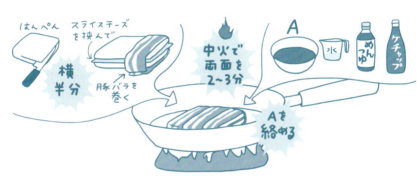

はんぺん / 横半分 / スライスチーズを挟んで / 豚バラを巻く / 中火で両面を2〜3分 / Aを絡める

こねずにパックからそのままドーン！
肉々しいハンバーグ。

山盛りキャベツハンバーグ

お助け食材
ひき肉

材料
キャベツ … 1/4個
合いびき肉 … 150g
塩こしょう … 少々

A | ケチャップ … 大さじ3
　 | ウスターソース … 大さじ2

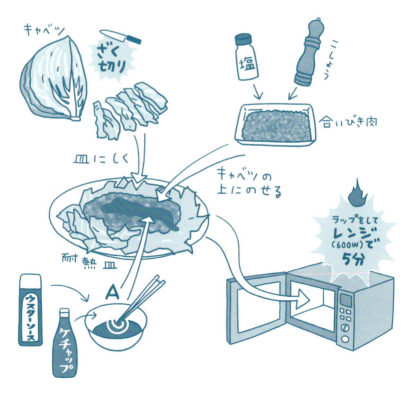

じゃがいもしゃきしゃき炒め

チンするだけ

蒲焼のたれと魚肉で相性抜群おかず。

お助け食材
魚肉ソーセージ

材料

じゃがいも … 2個
魚肉ソーセージ … 1本
ピーマン … 2個
蒲焼のたれ … 大さじ2
水 … 大さじ1

> 味付けザーサイのおかげで簡単本格中華に！

炒めるだけ

納豆とザーサイの卵炒め

お助け食材
ザーサイ

材料

卵 … 2個
納豆 … 1パック（たれごと）
ザーサイ … 30g
長ねぎ … ¼本
オリーブ油 … 大さじ1

納豆　卵　ザーサイ

長ねぎ

斜め薄切り

混ぜる

オリーブ油を熱して

強火で半熟に

得する コラム ❶

ご飯、パンは冷凍

節約自炊の要はご飯。疲れて帰ってきて、「今からご飯炊いて……」と心が折れることから、「弁当でいいか!」「外食でいいか!」と負のループにハマることになる。が、冷凍ご飯さえあれば「チンするだけ♪」なので、自炊ハードルが一気に下がる。
ご飯は多めに炊いて、1食分に分けて冷凍し、常備しておこう。
食パンも1斤を食べきるには単純計算で6日間かかることになり、鮮度が落ちるので、冷凍をおすすめする。

ご飯

1食分をラップにくるんで冷凍。

ふんわり平たくすると**早く冷凍**でき、**早く解凍**できる。

時間も光熱費も**節約できる**。

パン

1枚ずつラップにくるんで冷凍。

食べるときは**凍ったまま**トースターで焼けばOK。

この一手間で**豊かな食生活が**送れる。

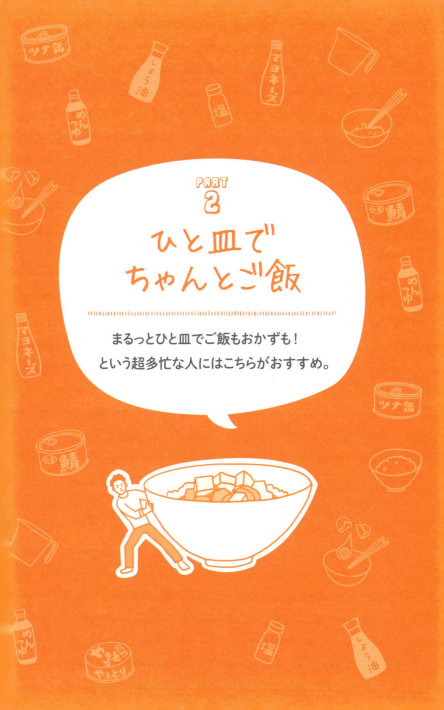

PART 2
ひと皿でちゃんとご飯

まるっとひと皿でご飯もおかずも！
という超多忙な人にはこちらがおすすめ。

蒲焼のたれをちょい足しすることで、どこかなつかしいチキンライスに。

混ぜオムライス

お助け食材 サラダチキン

材料

ご飯 … 1杯
サラダチキン … 1枚
卵黄 … 1個
A ｜ ケチャップ … 大さじ2
　｜ 蒲焼のたれ … 小さじ2

ゆで鶏のねぎだくご飯

混ぜるだけ

味のしっかり付いたチキンだからねぎと鰹節だけでOK!

お助け食材
サラダチキン

材料
- ご飯 … 1杯
- サラダチキン … 1枚
- 万能ねぎ … ½袋
- 鰹節 … 適量

混ぜる

サラダチキン — ざく切り
万能ねぎ
ご飯
鰹節

まな板、包丁いらず。
サラダチキンとキムチの旨味で
即席クッパが。

煮るだけ

鶏キムチスープご飯

お助け食材
サラダチキン

材料

ご飯 … 1杯
サラダチキン … 1枚
キムチ … 50g
塩 … 小さじ½
水 … 300cc

チンするだけ

超本格缶詰！
手を加える必要がないので
鬼簡単ですw

バジルチキンのトマト丼

お助け食材
とりそぼろ缶

材料

ご飯 … 1杯
とりそぼろ缶（バジル） … 1缶
トマト … 1個
温泉卵 … 1個

レンチン講座その1。
そぼろが一瞬でできます。
見た目は"ねこまんま"ですがウマイ!

鯖のねこまんま

鯖缶

材料

ご飯 … 1杯
鯖缶(水煮) … 1缶
海苔 … 好きなだけ
すき焼きのたれ … 大さじ2

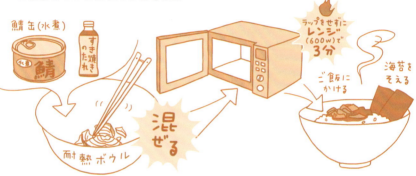

鯖缶(水煮) / すき焼きのたれ → 耐熱ボウルで混ぜる → ラップをせずにレンジ(600w)で3分 → ご飯にかける → 海苔をそえる

> 鯖缶みそ味ならではの
> 混ぜるだけ郷土料理。
> 夏や飲みすぎた時に。

混ぜるだけ

鯖の冷や汁

お助け食材
鯖缶

材料

ご飯 … 1杯
鯖缶(みそ) … 1缶
水 … 200cc
きゅうり … ½本
すりごま(白) … 大さじ3
しょう油 … 大さじ1

焼き鳥缶とめんつゆで味付けいらず、トロトロ親子丼。

煮るだけ

親子丼

お助け食材

焼き鳥缶

材料

ご飯 … 1杯
焼き鳥缶(たれ) … 1缶
卵 … 2個
玉ねぎ … ¼個
水 … 50cc
めんつゆ(3倍濃縮) … 大さじ2

焼き鳥アボカド丼

のせるだけ

切ってのせるだけ。
甘辛焼き鳥に森のバターが合う。

お助け食材

焼き鳥缶

材料

ご飯 … 1杯
焼き鳥缶(たれ) … 1缶
アボカド … ½個

ご飯にのせる！

アボカド　一口大

焼き鳥缶(たれ)

ねぎま丼

炒めるだけ

缶詰の味付けとアクセントの黒こしょうで絶品。

お助け食材
焼き鳥缶

材料
- ご飯 … 1杯
- 焼き鳥缶(塩味) … 1缶
- 長ねぎ … ½本
- サラダ油 … 小さじ2
- 黒こしょう … 少々

焼き鳥缶(塩味) / 長ねぎ 一口大 / サラダ油を熱して… / 中火で2~3分 / ご飯にのせる / こしょう

> 炊き込まなくても炊き込みご飯級。
> たっぷりのとうもろこしが甘〜い！

チンするだけ

とうもろこしの混ぜご飯

お助け食材　コーン缶

材料

ご飯 … 1杯
コーン缶 … ½缶
ベーコン … 3枚
オリーブ油 … 小さじ2
しょう油 … 小さじ2
塩こしょう … 少々

ベーコン → 細切り → 耐熱ボウル → 混ぜる → ラップをしてレンジ(600w)で2〜3分

炒めるだけ 豚のしょうが焼き丼

めんつゆ、おろししょうがで味付け簡単。どっさりキャベツで野菜不足をスピード解消！

お助け食材
千切りキャベツ

材料

ご飯 … 1杯
豚バラ … 150g
めんつゆ（3倍濃縮）… 大さじ1
おろししょうが … 3cm
千切りキャベツ … 適量

鯖缶カレー

チンするだけ

普通、カレールー1個だけでは味がぼんやりするが、**鯖缶の旨味で激ウマ。**

お助け食材
鯖缶

材料
ご飯 … 1杯
鯖缶(水煮) … 1缶
カレールー … 1個
水 … 100cc

> 2種のひき肉で旨味たっぷり、
> 焼き肉のたれが食欲をそそる。

チンするだけ

焼き肉そぼろ丼

お助け食材 **焼き肉のたれ**

材料

ご飯 … 1杯
合いびき肉 … 150g
玉ねぎ … ½個
卵黄 … 1個
焼き肉のたれ … 大さじ3

トーストするだけ

ハンバーグもカレーも
最安値アイテムで最高に美味しくなる。

カレーチーズドリア

お助け食材
レトルトカレー

材料

ご飯 … 1杯
レトルトカレー … 1袋
ハンバーグ … 1個
ピザ用チーズ … 適量

トースターで5分

ソース焼き飯

炒めるだけ

ぜ〜んぶ混ぜて炒めるだけ。
パラパラになるまで頑張って!

お助け食材：ウスターソース

材料

- ご飯 … 1杯
- 卵 … 1個
- ソーセージ … 2本
- サラダ油 … 大さじ1
- ウスターソース … 大さじ2

ソーセージ 小口切り / ご飯 / ウスターソース / 卵 / 混ぜる / サラダ油を熱して… / 強火でパラパラに

焼くだけ

激安ちくわを香ばしく焼いて、ほぼ100円なのに見た目は鰻丼!!

ちくわの蒲焼丼

お助け食材 ちくわ

材料

ご飯 … 1杯
ちくわ … 2本
蒲焼のたれ … 大さじ2
サラダ油 … 小さじ2
七味 … 適量

ちくわ 縦半分 → 中火で1分 サラダ油を熱して… → 蒲焼のたれ → ご飯にのせる

はんぺんで
食べごたえ満点なのに**ヘルシー**。
キムマヨでご飯がすすむ。

混ぜるだけ

ピリ辛はんぺんご飯

お助け食材：はんぺん

材料

ご飯 … 1杯
はんぺん … 1枚
キムチ … 適量
マヨネーズ … 適量

> 納豆の効果で
> プロ級パラパラチャーハンが
> 確実に作れる！

炒めるだけ

納豆チャーハン

お助け食材：**納豆**

材料

- ご飯 … 1杯
- 納豆 … 1パック（たれごと）
- 卵 … 1個
- 塩こしょう … 少々
- サラダ油 … 大さじ1

混ぜるだけ ポリポリ納豆ご飯

ノーマル納豆ご飯に飽きたら、食感をプラス。
時間がない時の超高速レシピ。

お助け食材：納豆

材料

ご飯 … 1杯
納豆 … 1パック（たれごと）
きゅうりのキューちゃん … 適量

混ぜるだけ

安いが**女子力超高め**のヘルシー丼。
わさびじょう油だけで美味しい。

アボカド豆腐丼

お助け食材
豆腐

材料

ご飯 … 1杯
豆腐 … ½丁
アボカド … ½個

A │ しょう油 … 適量
　│ わさび … 適量

チンするだけ

もずく雑炊

もずく酢の程よい酸味と旨味で食欲増進。

お助け食材：**もずく酢**

材料

- ご飯 … 1杯
- もずく酢 … 1パック
- しめじ … 1/2パック
- 水 … 200cc
- 顆粒だし … 小さじ1
- 塩 … 小さじ1/4

57

> 「ごはんですよ！」の
> こんな食べ方があったのか！
> チンだけで時短リゾット。

チンするだけ

海苔のリゾット

お助け食材：海苔の佃煮

材料

ご飯 … 1杯
牛乳 … 100cc
海苔の佃煮 … 大さじ2
ピザ用チーズ … 大さじ2
粉チーズ … 好きなだけ

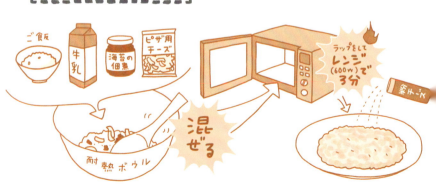

混ぜる／ラップをしてレンジ（600w）で3分／粉チーズ／耐熱ボウル

> すき焼き以外にも使えます！
> たれとレンジで時短、
> お肉もふっくらジューシーに。

照り焼きチキン丼

お助け食材
すき焼きのたれ

材料

- ご飯 … 1杯
- 鶏もも肉 … 1枚
- すき焼きのたれ … 大さじ3
- おろしにんにく … 3cm

鶏もも肉 一口大 → 耐熱ボウル → 混ぜる → ラップをしてレンジ(600w)で4〜5分 → ご飯にのせる

豆乳トマトリゾット

チンするだけ

ミートソースの素を使えば、材料4つでおしゃれイタリアン。

お助け食材
ミートソースの素

材料
- ご飯 … 1杯
- 豆乳 … 100cc
- ミートソースの素 … 1袋
- ピザ用チーズ … 大さじ2

ご飯／豆乳／ミートソースの素／ピザ用チーズ → 耐熱ボウル → 混ぜる → ラップをしてレンジ(600w)で3分

> お吸い物の素で
> あっという間に高級リゾットを演出。

チンするだけ

きのこ風味リゾット

お助け食材

お吸い物の素

材料

ご飯 … 1杯
お吸い物の素(松茸風味) … 1袋
牛乳 … 100cc
ピザ用チーズ … 大さじ2

得するコラム❷

肉も野菜も冷凍

特売で思わずいっぱい肉を買ってしまった。超特価の野菜をいっぱい買ってしまった。でも、ひとりでこんなに食べられないという、ひとりご飯あるある。買ってしまったものは仕方ない。とりあえず冷凍してから考えましょう。

肉

ひき肉は保存袋に入れて平らにし、**箸で折れ線をつける。**

食べる時に凍ったまま**パキッと折って、**必要な分だけ取り出す。

こま切れ肉などは小分けにして**ラップにくるんで保存袋に入れて**おくと便利。

野菜

洗って、切ってから保存袋に入れて冷凍すると取り出しやすくて、使いやすい。

初心者は**キャベツ、ピーマン、玉ねぎ、きのこ、人参**などの扱いやすい食材から始めてみよう。

煮るだけ

ベーコンとしめじのミルクみそパスタ

みそとミルクにベーコンを足すだけで、うまさ倍増。

お助け食材

ベーコン

材料

パスタ … 100g
ベーコン … 2枚
しめじ … 1パック
みそ … 大さじ1
ごま油 … 小さじ1
牛乳 … 150cc
水 … 150cc

煮るだけ

手軽に使える冷凍野菜で野菜不足解消！

ブロッコリーのパスタ

お助け食材：冷凍野菜

材料

- パスタ … 100g
- ブロッコリー(冷凍) … 50g
- ベーコン … 3枚
- オリーブ油 … 大さじ1
- 塩 … 小さじ½
- おろしにんにく … 1cm
- 水 … 300cc

ブロッコリー / ベーコン ざく切り / 水300cc / 半分 / 沸騰したら中火で5分 / 時々混ぜながら

> ソーセージからの旨味で濃厚ナポリタンのでき上がり!

煮るだけ 煮込みナポリタン

お助け食材：ソーセージ

材料

- パスタ … 100g
- ソーセージ … 3本
- 玉ねぎ … 1/4個
- 粉チーズ … 好きなだけ
- ケチャップ … 大さじ3
- コンソメ顆粒 … 小さじ1/2
- 塩 … 少々
- 水 … 300cc

> 明太子の切子を使えば、さらにお得！

混ぜるだけ
明太キムチパスタ

お助け食材
明太子

材料

パスタ … 100g
かいわれ大根 … 1パック
A ｜ 明太子 … 1/2腹
　｜ キムチ … 30g
　｜ マヨネーズ … 大さじ1

秋刀魚の蒲焼パスタ

混ぜるだけ

蒲焼缶としょう油、たったこれだけで味がバッチリ決まる。

お助け食材：秋刀魚の蒲焼缶

材料

パスタ … 100g

A
- 秋刀魚の蒲焼缶 … 1缶
- 万能ねぎ … ½袋
- しょう油 … 小さじ2

混ぜるだけ 釜玉パスタ

白身も混ぜるまろやかカルボナーラ。めんつゆでさっぱり和風テイスト。

お助け食材
卵

材料

パスタ … 100g
卵 … 1個
粉チーズ … 大さじ3
めんつゆ（3倍濃縮）… 大さじ1
黒こしょう … 少々

混ぜる / ゆでる

もずく酢でツルツル爽やか。
梅とオクラでさらに美肌効果も!?

混ぜるだけ

もずくオクラの梅パスタ

お助け食材
もずく酢

材料

パスタ … 100g
もずく酢 … 1パック
オクラ … 2本
梅肉 … 1個分
めんつゆ（3倍濃縮）… 大さじ2

> 定番の納豆パスタを彩りよく。
> 大葉はもっと追加してもよし！

混ぜるだけ

山盛り大葉の納豆パスタ

お助け食材 — 納豆

材料

パスタ … 100g
納豆 … 1パック(たれごと)
大葉 … 1束
めんつゆ(3倍濃縮) … 大さじ1
オリーブ油 … 大さじ1

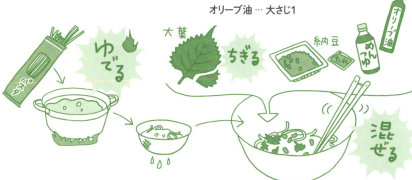

ゆでる → 大葉 ちぎる → 納豆 めんつゆ オリーブ油 → 混ぜる

煮るだけ

担々もやしそば

> 100円以下でもラーメン屋に匹敵。
> ごまとラー油はたっぷりと。

お助け食材
インスタントラーメン

材料

- インスタントラーメン(しょう油) … 1袋
- もやし … 1袋
- すりごま(白) … 大さじ2
- ラー油 … たっぷり

ラーメンを**表示通り**に作る / 完成直前にもやしを入れ**さっと煮る**

炒めるだけ

なんと、**とりそぼろ缶だけ**でアジアンな風が吹きます。

エスニック焼きそば

お助け食材
とりそぼろ缶

材料

焼きそば麺 … 1玉
とりそぼろ缶（バジル） … 1缶
ミックス野菜 … 1袋
サラダ油 … 大さじ1
塩 … 少々

レンチン講座その2。
全混ぜチンでカレーうどん。
レトルトカレーとめんつゆさえあれば!!

カレーうどん

お助け食材
レトルトカレー

材料

冷凍うどん … 1玉
レトルトカレー … 1袋
水 … 200cc
めんつゆ(3倍濃縮) … 大さじ3

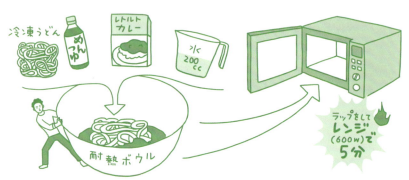

ラップをして
レンジ
(600w)で
5分

> たっぷり豚こまを入れることで、スープに豚の旨味がすんごい出ます。

チンするだけ

たっぷり肉うどん

お助け食材
豚こま肉

材料

冷凍うどん … 1玉
豚こま肉 … 150g
長ねぎ … ½本
めんつゆ(3倍濃縮) … 50cc
水 … 200cc

ラップをしてレンジ(600W)で5分

> 麻婆豆腐の素と
> もちもちの冷凍うどんで
> 速攻でできる本場四川の味

チンするだけ

汁なし担々うどん

お助け食材: **麻婆豆腐の素**

材料

冷凍うどん … 1玉
豚ひき肉 … 50g
麻婆豆腐の素 … ½袋

ラップをしてレンジ (600w) で4分

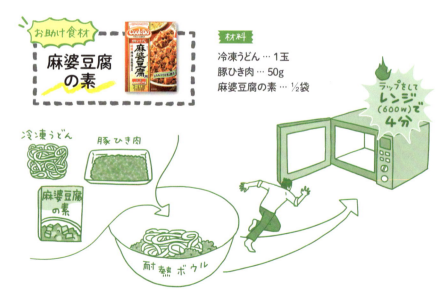

のせるだけ

納豆ジャージャーうどん

肉を使わず納豆でヘルシーに。よーく混ぜて!

お助け食材
納豆

材料

冷凍うどん … 1玉
納豆 … 1パック(たれごと)
きゅうり … 1本
焼き肉のたれ … 大さじ2

冷凍うどん → ゆでる
きゅうり → 細切り
たれ 納豆 焼き肉のたれ → かける

得するコラム ❸

野菜のしたごしらえ

この本ではレシピに基本的な野菜のしたごしらえは記載していません。
特にレシピに指定のない場合は、基本は野菜の皮はむいてから調理します。
自炊しようという読者のみなさんなら知っているとは思うが
(念のため) 基本的な野菜のしたごしらえの簡単レクチャーを。

きのこ類

しめじ、えのき、しいたけなどのきのこ類は洗わず、石づきを落とすだけでOK。ほぐすのも手で簡単にできる。

野菜の皮

じゃがいもは皮をむき芽も取る。にんじん、大根などは皮をむく。包丁でむくのが苦手ならピーラーを使うとよい。

野菜のヘタ

オクラのヘタ、トマトのヘタは落とす。

野菜の根

ねぎ、ニラ、かいわれ大根などの根は落とす。ちなみにキャベツの芯は薄くスライスすれば全部食べられるので、捨てずに使おう。

和えるだけ

サラダチキンと水菜のサラダ

味の付いたサラダチキンとたっぷり水菜。これだけで大満足サラダ。

お助け食材: **サラダチキン**

材料

- サラダチキン … 1枚
- 水菜 … ½袋
- A | 酢 … 大さじ1
   | オリーブ油 … 大さじ1

混ぜるだけ キャベツとカニカマのサラダ

カニカマで食べごたえアップ。隠し味のラー油が食欲をそそります。

お助け食材：カニカマ

材料
- キャベツ … 1/6個
- カニカマ … 5本
- マヨネーズ … 大さじ2
- ラー油 … 小さじ2

> サラダなのに、ご飯にも合います。

混ぜるだけ

ちくわのツナ缶サラダ

お助け食材　ツナ缶

材料

ちくわ … 3本
ツナ缶 … 1缶
かいわれ大根 … 1パック
しょう油 … 適量

一口大にちぎる

混ぜ合わせる

> ちょっと**ハムを入れるだけ**で、満足の一品に。
> からしがいいアクセント。

和えるだけ

ごまからしコールスロー

お助け食材 ハム

材料

キャベツ … 1/6個
ハム … 2枚

A｜マヨネーズ … 大さじ2
　｜和からし … 1cm
　｜白ごま … 大さじ1

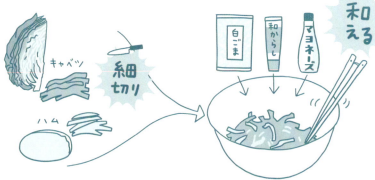

塩昆布で手早い定番の居酒屋おつまみ。
ピリ辛でビールに最高。

キャベツのピリ辛昆布

和えるだけ

お助け食材 塩昆布

材料

キャベツ … 1/6個
塩昆布 … 大さじ2
七味 … 小さじ1

キャベツ / 一口大にちぎる / 和える

のせるだけ

ご飯がない時でも豆腐でお腹いっぱいになるパパッとレシピ。

ザーサイ温玉、オクラ豆腐

お助け食材
豆腐

材料

オクラ … 3本　ザーサイ … 30g
豆腐 … ½丁　ポン酢 … 適量
温泉卵 … 1個

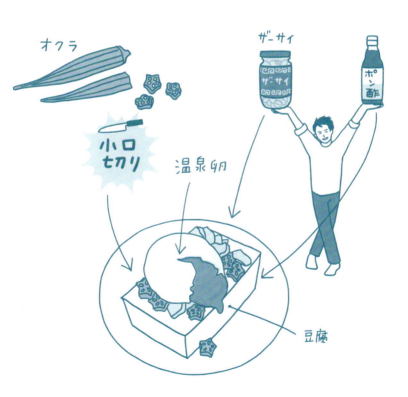

モッツァレラチーズは高級なので
豆腐で代用w
大葉で和風カプレーゼ。

カプレーゼ風冷奴

お助け食材
豆腐

材料

豆腐 … ½丁　オリーブ油 … 適量
トマト … 1個　塩こしょう … 少々
大葉 … 3枚

豆腐／一口大／トマト／大葉　ちぎる／塩・こしょう・オリーブ油

> チキンもきゅうりも ちぎることで、味が一瞬で絡みます。

和えるだけ

サラダチキンと叩ききゅうりのごま和え

お助け食材 **サラダチキン**

材料

サラダチキン … 1枚
きゅうり … 1本
A｜すりごま（白） … 大さじ2
　｜ポン酢 … 大さじ1

地味な冷奴も
ヒラヒラきゅうりで華やかに。
塩とオイルでおしゃれに演出。

切るだけ

ハムとヒラヒラきゅうり

お助け食材
豆腐

材料

豆腐 … ½丁　　塩 … 少々
きゅうり … ½本　オリーブ油 … 適量
ハム … 3枚

きゅうり
ピーラーでむき、水につけてパリッとさせる

ハム
細切り

塩
オリーブ油

豆腐

のせるだけ 納豆サラダ

納豆は組み合わせ豊富な材料。ツナと海苔で安い食材を飽きずに回そう!

お助け食材
納豆

材料

- 納豆 … 1パック(たれごと)
- オクラ … 1袋
- 海苔 … 好きなだけ
- A
  - ツナ缶 … 1缶
  - マヨネーズ … 大さじ1
  - しょう油 … 小さじ1

和えるだけ トマトのハニーマリネ

作りたても美味しいけど、一晩寝かせて馴染んだ味もまた◎

お助け食材 はちみつ

材料
トマト … 1個
はちみつ … 大さじ1
ポン酢 … 大さじ1

> じゃがいもは皮ごと。
> マヨだけだと物足りないが、
> わさびのツーンがよいです。

チンするだけ

じゃがいものわさびマヨ

お助け食材：**わさび**

材料

じゃがいも … 2個
マヨネーズ … 大さじ2
わさび … 1cm

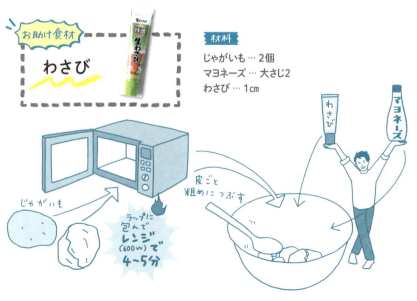

じゃがいも → ラップに包んでレンジ(600w)で4〜5分 → 皮ごと粗めにつぶす → わさび・マヨネーズ

混ぜるだけ　油揚げのカリカリじゃこ

> 油揚げとじゃこは**しっかりカリカリに**。焦げる寸前まで攻めよう！

お助け食材
油揚げ

材料

- 油揚げ … 1枚
- かいわれ大根 … 1パック
- じゃこ … 大さじ2
- ポン酢 … 大さじ1
- ごま油 … 小さじ1

油揚げ　小さめ一口大　弱火でカリカリに…　ごま油を熱して…　混ぜ合わせる

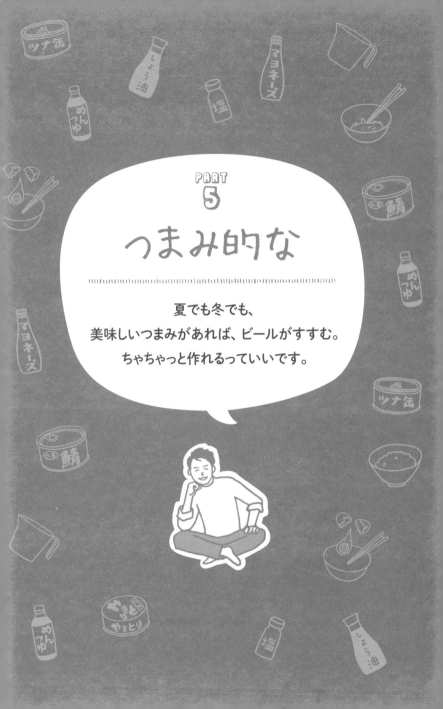

PART 5
つまみ的な

夏でも冬でも、
美味しいつまみがあれば、ビールがすすむ。
ちゃちゃっと作れるっていいです。

和えるだけの超超高速レシピ。
アボカドがマイルドにしてくれます。

アボきゅうキムチ

お助け食材

キムチ

材料

アボカド … 1個
きゅうり … 1本
キムチ … 適量

ポテサラとゆで卵のグラタン

トーストするだけ

市販のポテサラで簡単ごちそう。
黒こしょうはたっぷり！

お助け食材
ポテトサラダ

材料

ゆで卵 … 2個
ポテトサラダ … 100g
ピザ用チーズ … 50g
黒こしょう … 適量

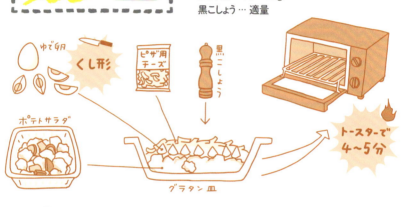

ゆで卵 くし形
ピザ用チーズ
黒こしょう
ポテトサラダ
グラタン皿
トースターで 4〜5分

> 激安ちくわが洋風おかずに大変身。
> 焼けたトマトが甘〜い。

トーストするだけ

ちくわとトマトのチーズ焼き

お助け食材 **ちくわ**

材料

ちくわ … 3本　オリーブ油 … 大さじ1
トマト … 1個　ピザ用チーズ … 適量

トマト／一口大／ちくわ／ピザ用チーズ／オリーブ油／グラタン皿／トースターで3〜4分

> 甘辛そぼろでおかずになる冷奴。
> くずしてご飯にのっけても。

チンするだけ

そぼろ冷奴

お助け食材 **ひき肉**

材料

豆腐 … ½丁
ラー油 … 適量

A │ 豚ひき肉 … 100g
  │ すき焼きのたれ … 大さじ2

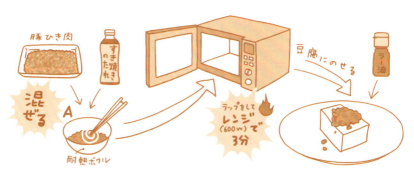

豚ひき肉・すき焼きのたれを耐熱ボウルに入れて混ぜる → A → ラップをしてレンジ(600w)で3分 → 豆腐にのせる → ラー油

肉そぼろ活用法

常備菜にしたいおかずナンバー１！

レンチンですぐ作れる肉そぼろはなにかと便利。
ご飯にかけるだけ、パスタ、うどんに混ぜるだけ。
ひき肉の特売日にたくさん買って、たくさん作って冷凍保存しておけば、
何もない時に救世主になること間違いなし！
また、野菜炒めの味つけとして加えたり、卵でとじたりと、**アレンジも自由自在。**
シンプルな味付けなので、なんか味が物足りないなーという時なんかにも
"とりあえず入れてみる"くらいの、気楽な感じでぜひとも使ってみてください。

例えば

そぼろうどん

耐熱ボウルに冷凍うどん、凍ったままの肉そぼろ、水、めんつゆを入れてチンするだけ。うどんがグレードアップする。

そぼろパスタ

ミートスパという気分ではないけど、肉は食したい！という時におすすめ。ゆでたパスタに和えて、粉チーズをパラリ。

安価な油揚げのアイデアレシピ。
大豆の香ばしさとチーズが合う！

お助け食材
油揚げ

材料

油揚げ … 1枚　　ピザ用チーズ … 30g
玉ねぎ … 1/6個　　ケチャップ … 大さじ1
ピーマン … 1個

和えるだけ

もや明太ナムル

安いもやしも**明太子**で立派な一品に。
野菜が食べたい時に。

お助け食材：**明太子**

材料

もやし … 1袋
明太子 … ½腹
ごま油 … 小さじ1

30秒ゆでる → 和える

チンするだけ

カット野菜で
包丁もいらない超高速レシピ。

ブロッコリーの チーポン和え

お助け食材
冷凍野菜

材料

ブロッコリー（冷凍）… 100g
ポン酢 … 大さじ2
粉チーズ … 大さじ1

冷凍ブロッコリー → 耐熱ボウル → ラップをしてレンジ（600w）で2分 → ポン酢・粉チーズ → 和える

焼くだけ

ぎゅ〜っと押さえつけて
粉チーズもカリッカリに焼くべし！

じゃがいものカリカリ

お助け食材

粉チーズ

材料

じゃがいも … 2個
粉チーズ … 大さじ2
オリーブ油 … 大さじ2

じゃがいも / 千切り / 粉チーズ / フライ返し等で押さえながら… / オリーブ油を熱し / 中火で両面を3〜4分

玉ねぎのしょうがステーキ

焼くだけ

すき焼きのたれとしょうがのアクセントで玉ねぎが大主役に!

お助け食材
すき焼きのたれ

材料

玉ねぎ … 1個
サラダ油 … 小さじ2
A　すき焼きのたれ … 大さじ2
　　水 … 大さじ2
　　おろししょうが … 3cm

① 中火で2分、返して2分

② Aを加えたら強火

玉ねぎ
輪切り

サラダ油を熱して…

なめたけニラ玉

炒めるだけ

ニラまみれの卵ですでに美味しい。なめたけをのせたら、もうノックアウト！

お助け食材
なめたけ瓶詰

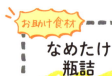

材料

卵 … 2個
ニラ … ½袋
サラダ油 … 大さじ1
塩こしょう … 少々
なめたけ … 大さじ2

ニラ　ざく切り
こしょう　塩
強火で半熟に
サラダ油を熱して…
なめたけ

> 目をつぶれば、お口の中が松茸です。
> このお助け食材すごい。

炒めるだけ

松茸スクランブルエッグ

お助け食材　お吸い物の素

材料

卵 … 3個
しいたけ … 3個
お吸い物の素(松茸風味) … 1袋
サラダ油 … 大さじ1

しいたけ　薄切り

松茸お吸い物の素

混ぜる

サラダ油を熱して…

中火で混ぜながら20秒

炒めるだけ

> もやしは**強火で一気に仕上げろ**！
> しょう油は焦がし気味で香ばしく。

にんにくもやし

お助け食材　**もやし**

材料

もやし … 1袋
にんにく … 2片
しょう油 … 小さじ2
ごま油 … 小さじ2
塩こしょう … 少々

にんにく　**薄切り**

ごま油を熱して　弱火でにんにくが**きつね色**になるまで

強火で1分

もやし　しょう油　塩　こしょう

PART 6 パンでごちそう

買うと意外と高い惣菜パンこそ、
自炊に限る。
おしゃれデリなみのクオリティ。

コンビニで手に入るものだけで即席ベトナム風サンドイッチ。

サラダチキンのバインミー

挟むだけ

お助け食材　**サラダチキン**

材料

サラダチキン … 1/2枚
漬物 … 適量
レモン汁 … 小さじ1
黒こしょう … 少々
フランスパン … 1/2本

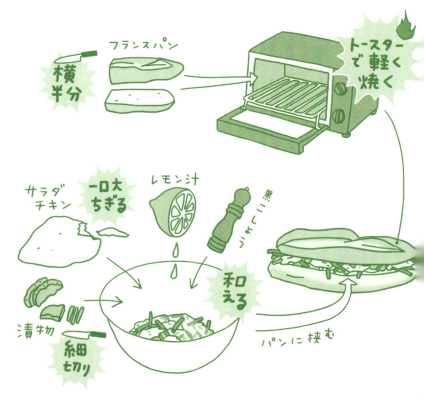

挟むだけ 鯖缶サンド

山盛り鯖缶で断面がボリューム満点のサンドイッチ。

お助け食材：鯖缶

材料

- 鯖缶（水煮）… 1缶
- レタス … 適量
- マヨネーズ … 大さじ2
- 食パン … 2枚

鯖缶（水煮）汁気を切る / マヨネーズ / 和える / レタス / 軽くトーストした食パンに挟む

焼き鳥缶に
感謝せずにはいられない美味しさ。
食パンは焼かずにふんわり感を。

挟むだけ

てりたまサンド

お助け食材
焼き鳥缶

材料

焼き鳥缶(たれ)…1缶
ゆで卵…1個
マヨネーズ…大さじ1
食パン…2枚

ゆで卵 / 焼き鳥缶(たれ) / マヨネーズ
つぶす → 和える → 食パンに挟む

からあげは好きなだけサンドして。
**サンドイッチにすることで
うまさ10倍。**

挟むだけ

からあげのレタスチーズサンド

お助け食材
からあげ

材料

からあげ … 好きなだけ
カットレタス … 1袋
スライスチーズ … 2枚
食パン … 2枚
ケチャップ … 大さじ1

PART 7 激安スイーツ

100円アイスが、食パンが……。
工夫と見せ方次第で、
カフェレベル。

イタリアンの洒落た大人デザートがこんなに簡単に！
コーヒーは濃い目で。

かけるだけ

アフォガート

お助け食材

アイスクリーム

材料

バニラアイス … 適量
インスタントコーヒー … 適量

> アイスクリームアレンジ

100円アイスのスゴい食べ方

アイスクリームはアレンジ次第でおしゃれカフェメニューにも、老舗和菓子店の味にも変身するのをご存知だろうか。

100円アイスをそのまま食べたら
「やっぱり、ハー●ンダッ●には勝てない」と思うかもしれない。
そんな常識を覆すのが、**100円アイスのアレンジ術**なのです。
食べることはクリエイティブそのもの!

例えば

ごませんべいのアイス

あるようでなかった組み合わせ。せんべいはごまをセレクトしてほしい。意外にもごまの香りとプチプチ感がマッチして美味しい! せんべいのサイズを変えることで可愛くも豪快にもなる。ごま以外にも、しょう油味のせんべいもおすすめ!

バナナボートチョコアイス

見た目も豪快なスイーツ! バナナは1本そのままむいて、アイスをのせる。チョコを細かく砕いて湯煎し、熱々のチョコをたらーりかけるだけ。アイスの部分はパリッパリになる。とろっとろとパリパリのチョコが楽しめる。

> 食パンで超簡単デザート。
> 焼けたりんごとシナモンがいい香り〜♪

トーストするだけ

りんごのシナモントースト

お助け食材
食パン

材料

りんご … 1/2個
食パン … 1枚
シナモンシュガー … 適量

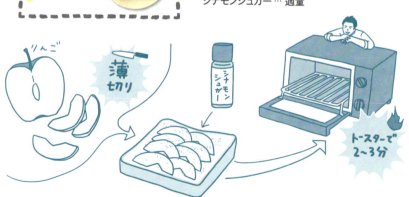

> 食パンアレンジ

コスパとアレンジの幅がスゴすぎる食パン

食パン、またの名を角食ともいうパンの中のパン。
そう、食パンはまさにパンの王者。
シンプルで無駄のないフォルムは
「塗る」「のせる」「挟む」など、来るものを拒まない。
チーズトーストに飽きた、バターとジャムに飽きた方はぜひ、
食パンアレンジを楽しんでほしい。

例えば

小倉バター

市販のあんこを使えば、簡単に名古屋めしの一つ、小倉トーストが！ あんこを食パンにのせてトーストするだけ。周りはサクサク、あんこは熱々の小倉トーストにバターを落とせばとろ〜り溶けていく。あっという間に幸せおやつの完成。

ハニーナッツチーズ

食パンにミックスナッツとミックスチーズをのせてトースト。こんがり焼けたらはちみつをたっぷり。ナッツの香ばしさと食感、チーズのとろ〜り、そこにはちみつを合わせて、甘じょっぱい大人トーストを演出。ゴルゴンゾーラチーズなんかのせた日には、もう最高。

> 漬け込む必要なしの
> 時短パンプディング。
> 熱々できたてにアイスをのせてもよし！

フルーツパンプディング

トーストするだけ

お助け食材
食パン

材料

フルーツ缶 … 1缶
食パン … 1枚

A ｜ 卵 … 1個
　｜ 牛乳 … 50cc
　｜ 砂糖 … 大さじ1

得する
コラム
4

「神の手」キッチンバサミ

「切る」行為には必ず包丁とまな板がセットになっている。
が、ねぎ1本切るのに、わざわざまな板と包丁を出して洗うとか、
めんどくさすぎる。という方におすすめしたいのがキッチンバサミ。
刻みねぎはもちろん、ベーコン細切り、ニラざく切りまでカバー。
まさに「神の手」なのだ。神の手を使いこなせれば、自炊の達人になれる。

刻みネギ

好みの長さに切るだけ。
コロコロ転がって
**まな板から落ちることもなく、
合理的この上ない調理術。**

キッチンバサミの選び方

刃の長さは短いとねぎなどを切る分にはいいが、大きいものになると長い方がスムーズに切れるのでおすすめ。
ハンドルの大きさなども実際に持ってみて、自分の手の大きさに合ったものにするべし。
最近では刃がカーブしていて、力いらず、滑りにくいなど、ハサミも色々あるので、買う時はキッチンコーナーで手に取って吟味してみよう。

食材になるもの

合いびき肉 ····················· 28.49
油揚げ ························ 96.105
アボカド ······················ 43.56.98
大葉 ····························· 72.90
オクラ ························· 71.89.93
温泉卵 ························· 19.39.89
かいわれ大根 ················ 68.85.96
カニカマ ·························· 23.84
からあげ ··························· 118
キムチ ······················ 37.53.68.98
キャベツ ··· 16.25.28.46.84.86.87
牛乳 ······················ 58.61.64.124
きゅうり ··············· 41.79.91.92.98
魚肉ソーセージ ······················ 30
コーン缶 ···························· 45
鯖缶（水煮） ············ 18.40.48.116
鯖缶（みそ） ························ 41
サラダチキン ···· 34.36.37.82.91.114
秋刀魚の蒲焼缶 ····················· 69
しいたけ ···························· 111
しめじ ····························· 57.64
じゃがいも ············· 26.30.95.108
じゃこ ································ 96

ソーセージ ························ 51.67
卵 ············· 23.31.34.42.49.51.54.
　　　　70.100.110.111.117.124
玉ねぎ ········ 26.42.49.67.105.109
ちくわ ························ 52.85.101
漬物 ································ 55.114
ツナ缶 ···························· 16.85.93
豆乳 ····································· 60
豆腐 ·············· 18.24.56.89.90.92.102
トマト ·············· 19.23.39.90.94.101
とりそぼろ缶 ················ 21.39.75
鶏もも肉 ··························· 19.59
長ねぎ ······················ 23.24.31.44.77
納豆 ····················· 31.54.55.72.79.93
ニラ ···································· 110
海苔の佃煮 ··························· 58
バニラアイス ················ 120,121
ハム ································ 86.92
ハンバーグ ··························· 50
はんぺん ··························· 27.53
ピーマン ·························· 30.105
豚こま肉 ························ 24.25.77
豚バラ ··························· 26.27.46
豚ひき肉 ························· 78.102
フルーツ缶 ·························· 124

ブロッコリー	20.66.107
ベーコン	45.64.66
ポテトサラダ	100
マッシュルーム	20
ミートソースの素	60
水菜	82
ミックス野菜	75
明太子	68.106
もずく酢	57.71
もやし	21.73.106.112
焼き鳥缶（塩味）	20.44
焼き鳥缶（たれ）	42.43.117
りんご	122
レタス	116.118
レトルトカレー	50.76

味の決め手になるもの

お吸い物の素（松茸風味）	61.111
カレールー	48
粉チーズ	58.67.70.107.108
ザーサイ	31.89
塩昆布	87
ピザ用チーズ	50.58.60.61.100.101.105.
麻婆豆腐の素	18.78

主食になるもの

ご飯	34.36.37.39.40.41.42.43. 44.45.46.48.49.50.51.52. 53.54.55.56.57.58.59.60.61
食パン	116.117.118.122.124
フランスパン	114
パスタ	64.66.67.68.69.70.71.72
焼きそば麺	75
冷凍うどん	76.77.78.79
インスタントラーメン	73
なめたけ	110
梅肉	71
スライスチーズ	27.118

今井　亮（いまいりょう）

料理家。1986 年生まれ。京都府京丹後市出身。
日本海に面した地域で生まれ、大自然と共に育つ。
高校を卒業後、冷麺といえば「みその橋サカイ」と言われる京都市内の老舗中華料理店で 5 年勤務後、東京へ。
東京のフードコーディネーター学校を卒業後、料理家などのアシスタントを経て独立。
美味しく、楽しいをモットーに料理教室も始め、『スッキリ!!』『L4YOU!』などのテレビ番組への出演、雑誌、書籍でのレシピ作りのほか、映画の料理監修なども行う。
リピート率 96％の料理教室『亮飯店』も開催。

狭すぎキッチンでもサクサク作れる
超高速レシピ

2017 年 3 月 20 日　第 1 刷発行

著者	今井　亮
発行者	佐藤　靖
発行所	大和書房
	〒 112-0014　東京都文京区関口 1-33-4
	電話：03-3203-4511

STAFF

カバーデザイン	大藪胤美（フレーズ）
ブックデザイン	宮代佑子（フレーズ）
カメラ	宮濱裕美子
スタイリスト	新田亜素美
調理アシスタント	玉利紗綾香
イラスト	伊藤美樹
校正	メイ
印刷所	歩プロセス
製本所	ナショナル製本
企画・編集	長谷川恵子（大和書房）

©2017 Ryo Imai, Printed in Japan
ISBN978-4-479-92113-4
乱丁、落丁本はお取り替えいたします。
http://www.daiwashobo.co.jp/